9 789369 083459

Printed at Repro India Ltd.

جنت کا راستہ

(اسلام کے بنیادی اصول و عقائد)

حافظ زبیر علی زئی

Jannat ka raasta

by: Hafiz Zubair Ali Zai

Edition: August '2025
Publisher :
Taemeer Publications LLC (Michigan, USA / Hyderabad, India)

ISBN 978-93-6908-345-9

9 789369 083459

کتاب	:	**جنت کا راستہ** (اصول و عقائد)
مصنف	:	**حافظ زبیر علی زئی**
صنف	:	مذہب
ناشر	:	تعمیر پبلی کیشنز (حیدرآباد، انڈیا)
سالِ اشاعت	:	۲۰۲۵ء
صفحات	:	۲۶
سرورق ڈیزائن	:	تعمیر ویب ڈیزائن

بسم اللہ الرحمٰن الرحیم

طریق الجنۃ حافظ زبیر علی زئی

جنت کا راستہ

> حافظ زبیر علی زئی حفظہ اللہ نے کافی عرصہ پہلے ''جنت کا راستہ'' نامی ایک کتاب لکھی تھی، اس کتاب کی خوبی یہ ہے کہ اس میں آیاتِ قرآنیہ، صحیح اور حسن لذاتہ احادیث اور اجماع سے استدلال کیا گیا ہے، کسی ضعیف یا حسن لغیرہ حدیث سے اصول بلکہ شواہد میں بھی حجت نہیں پکڑی گئی غرضیکہ اس کتاب میں ہر وہ حدیث جسے بطور استدلال پیش کیا گیا ہے، بالکل صحیح اور حجت ہے، اسی لئے عوام وخواص کے استفادہ کے لئے مکمل کتاب مع اضافہ وفوائد شائع کی جا رہی ہے۔

(۱) **ہمارا عقیدہ:** ہم اس بات کی دل، زبان اور عمل سے گواہی دیتے ہیں کہ لا إله إلا الله اللہ کے سوا کوئی اِلٰـہ نہیں ہے۔ اللہ ہی حاکم اعلیٰ، قانون ساز، حاجت روا، مشکل کشا اور فریادرس ہے۔ ہم اس کی ساری صفات کو بلا کیف بلا تمثیل اور بلا تعطیل مانتے ہیں۔ وہ سات آسمانوں سے اوپر اپنے عرش پر مستوی ہے۔ کما یلیق بشأنه، اس کا علم اور قدرت کائنات کی ہر چیز کو محیط ہے۔ اور ہم اس بات کی دل، زبان اور عمل سے گواہی دیتے ہیں کہ محمد رسول الله سیدنا محمد صلی اللہ علیہ وسلم اللہ تعالیٰ کے رسول ہیں۔ آپ خاتم النبیین، امام کائنات، افضل البشر، ہادی برحق اور واجب الاتباع ہیں۔ آپ کی نبوت، امامت اور رسالت قیامت تک ہے۔ آپ کا قول، عمل اور اقرار سب حجت برحق ہے۔ آپ کی سچی پیروی میں دونوں جہانوں کی کامیابی کا یقین ہے اور آپ صلی اللہ علیہ وسلم کی نافرمانی میں دونوں جہانوں کی ناکامی اور تباہی کا یقین ہے۔ أعاذنا الله منه

ہم قرآن اور صحیح حدیث کو حجت اور معیارِ حق مانتے ہیں۔ چونکہ قرآن وحدیث سے یہ ثابت ہے کہ امت مسلمہ گمراہی پر اکٹھی نہیں ہوسکتی الخ مثلاً دیکھئے المستدرک (۱/۱۱۶ ح ۳۹۹ عن ابن عباس) لہذا ہم اجماع امت کو بھی حجت مانتے ہیں۔ یاد رہے کہ صحیح حدیث کے خلاف اجماع ہوتا ہی نہیں۔ ہم تمام صحابہ رضی اللہ عنہم کو عدول اور اپنا محبوب مانتے ہیں۔ تمام صحابہ کو حزب اللہ اور اولیاء اللہ سمجھتے ہیں، ان کے ساتھ محبت کو جزوِ ایمان سمجھتے ہیں۔ جو ان سے بغض رکھتا ہے ہم اس سے بُغض رکھتے ہیں۔ ہم تابعین وتبع تابعین اور ائمہ مسلمین مثلاً امام مالک، امام شافعی، امام احمد بن حنبل، امام ابوحنیفہ، امام بخاری امام مسلم، امام نسائی، امام ترمذی، امام ابوداود، امام ابن ماجہ وغیرہم رحمہم اللہ سے محبت اور پیار کرتے ہیں۔ اور جو شخص ان سے بُغض رکھے ہم اس سے بُغض رکھتے ہیں۔

توحید، رسالتِ محمدیہ صلی اللہ علیہ وسلم اور تقدیر پر ہمارا کامل ایمان ہے۔ آدم علیہ السلام سے لے کر محمد صلی اللہ علیہ وسلم تک تمام انبیاء ورسل کی نبوتوں اور رسالتوں کا اقرار کرتے ہیں۔ قرآن مجید کو اللہ تعالیٰ کا کلام سمجھتے ہیں۔ قرآن مجید مخلوق نہیں ہے۔ ہم ایمان میں کمی وبیشی کے بھی قائل ہیں، یعنی ہمارے نزدیک ایمان زیادہ ہوتا ہے اور کم بھی ہوتا ہے۔ اہلِ سنت کے جو عقائد ہمارے علماء سلف نے بیان کئے ہیں، ہمارا ان پر ایمان اور یقین ہے۔ مثلاً امام ابن خزیمہ، امام عثمان بن سعید الدارمی، امام بیہقی، امام ابن ابی عاصم، امام ابن مندہ، امام ابو اسماعیل الصابونی، امام عبدالغنی المقدسی، امام ابن قدامہ، امام ابن تیمیہ، امام ابن قیم، امام آجری اور امام لالکائی وغیرہم رحمهم الله أجمعين۔

(۲) ہمارا اصول: حدیث کے صحیح یا ضعیف ہونے کا دارومدار محدثین کرام پر ہے۔ جس حدیث کی صحت یا راوی کی توثیق پر محدثین کا اتفاق ہے، تو وہ حدیث یقیناً وحتماً صحیح ہے اور راوی بھی یقیناً وحتماً ثقہ ہے۔ اور اسی طرح جس حدیث کی تضعیف یا راوی کی جرح پر محدثین کا اتفاق ہے، تو وہ حدیث یقیناً اور حتماً مجروح ہے۔ جس حدیث کی تصحیح وتضعیف اور راوی کی توثیق وتجریح میں محدثین کا اختلاف ہو (اور تطبیق وتوفیق ممکن نہ ہو) تو ہمیشہ اور ہر حال میں ثقہ ماہر اہلِ فن مستند محدثین کی اکثریت کی تحقیق اور گواہی کو صحیح تسلیم کیا جائے گا۔ ان اصولوں کو مدنظر رکھتے ہوئے اس مختصر کتاب میں بعض اختلافی مسائل کے بارے میں صحیح تحقیق پیش خدمت ہے۔ اللہ تبارک وتعالیٰ سے دعا ہے کہ وہ ہمیں مسلم ومومن زندہ رکھے اور اسلام وایمان پر ہی موت دے۔ آمین

(۳) اہل الحدیث کی فضیلت: یہ بالکل درست ہے کہ قرآن کریم نے امت محمدیہ کو مسلم کا لقب دیا ہے لیکن اس حقیقت کو بھی فراموش نہیں کرنا چاہیے کہ مسلمانوں کی ایک خاص جماعت جس کو حدیثِ رسول اللہ صلی اللہ علیہ وسلم سے علمی وعملی شغف رہا، وہ جماعت اپنے آپ کو لقب اہل حدیث سے ملقب کرتی رہی ہے (خاتمہ اختلاف: ص ۱۰۷، ۱۰۸) مسلمانوں کے لیے اہل سنت اور اہل حدیث وغیرہ، القاب بے شمار ائمہ مسلمین مثلاً محمد بن سیرین، ابن المدینی بخاری، احمد بن سنان، ابن المبارک، ترمذی وغیرہم سے ثابت ہیں اور کسی ایک مستند امام یا عالم سے اس کا انکار مروی نہیں ہے۔ لہذا ان القاب کے صحیح ہونے پر اجماع ہے۔ تمام مستند علماء نے طائفہ منصورہ والی حدیث کا مصداق اہل الحدیث واصحاب الحدیث کو قرار دیا ہے۔ (دیکھئے سنن ترمذی: ج ۴ ص ۵۰۵ ط بیروت ح ۲۲۲۹)

سیدنا جابر بن عبداللہ رضی اللہ عنہ سے روایت ہے کہ رسول اللہ ﷺ نے فرمایا:

”لا تزال طائفة من أمتي يقاتلون على الحق ظاهرين إلى يوم القيامة“

میری امت کا ایک طائفہ (گروہ) ہمیشہ، قیامت تک، حق پر قتال کرتا رہے گا (اور) غالب رہے گا۔

(مسألة الاحتجاج بالشافعي للخطيب: ص ۴۳، وسندہ حسن ولہ شاہد صحیح فی صحیح مسلم: ۱۹۲۳)

اس حدیث کے بارے میں امیر المؤمنین فی الحدیث امام بخاری رحمہ اللہ فرماتے ہیں:

" يعني أهل الحديث " یعنی اس سے مراد اہل الحدیث ہیں۔ (مسألۃ الاحتجاج بالشافعی ص ۳۵، وسندہ صحیح)

یہ دونوں اصحاب الحدیث اور اہلِ الحدیث نام ایک ہی جماعت کے صفاتی نام ہیں۔

امام احمد بن سنان الواسطی (متوفی ۲۵۹ھ) فرماتے ہیں:

" ليس في الدنيا مبتدع إلا وهو يبغض أهل الحديث ، وإذا ابتدع الرجل نزع حلاوة الحديث من قلبه"

دنیا میں جو بھی بدعتی ہے وہ اہل حدیث سے بغض رکھتا ہے۔ اور آدمی جب بدعتی ہو جاتا ہے تو حدیث کی مٹھاس اس کے دل سے نکل جاتی ہے۔ (معرفۃ علوم الحدیث للحاکم: ص ۴ واسنادہ صحیح)

اہل الحدیث والآثار کے فضائل کے لیے خطیب بغدادی کی شرف اصحاب الحدیث، ذہبی کی تذکرۃ الحفاظ اور عبدالحئی لکھنوی کی امام الکلام (ص ۲۱۶) وغیرہ کا مطالعہ فرمائیں۔

(۴) محدثین کا مسلک: کسی نے شیخ الاسلام ابن تیمیہ سے پوچھا کہ کیا بخاری، مسلم، ابوداؤد، ترمذی نسائی، ابن ماجہ، ابوداؤد الطیالسی، الدارمی، البزار، الدارقطنی، البیہقی، ابن خزیمہ اور ابو یعلی موصلی رحمہم اللہ مجتہدین میں سے تھے یا کسی امام کے مقلد تھے؟ تو انہوں نے "الحمد للہ رب العالمین" کہتے ہوئے جواب دیا:

" أما البخاري و أبو داود فإما مان في الفقه من أهل الإ جتهاد وأما مسلم والترمذي والنسائي و ابن ماجه وابن خزيمة وأبويعلي و البزار فهم على مذهب أهل الحديث ليسوا مقلدين لواحد بعينه من العلماء۔۔۔ وهؤ لاء كلهم يعظمون السنة والحديث إلخ "

امام بخاری اور امام ابوداؤد، دونوں فقہ میں مجتہد (مطلق) ہیں۔ امام مسلم، امام ترمذی، امام نسائی، امام ابن ماجہ، امام ابن خزیمہ، امام ابو یعلی، اور امام بزار اہل الحدیث کے مذہب پر تھے۔ کسی ایک عالم کے (بھی) مقلد نہیں تھے اور یہ سب سنت وحدیث کی تعظیم وتکریم کرتے تھے۔ الخ (مجموع فتاوی: ج ۲۰ ص ۴۰)

امام بیہقی نے تقلید کے خلاف اپنی مشہور کتاب السنن الکبریٰ میں باب باندھا ہے۔ (ج ۱۰ ص ۱۱۳) لہذا محدثین کو خواہ مخواہ دروغ گوئی کرتے ہوئے اور اپنے نمبر بڑھانے کے لیے مقلدین میں شمار کرنا غلط ہے۔ یاد رہے کہ اہل الحدیث سے مراد محدثین بھی ہیں اور ان کے پیروکار بھی۔ (فتاویٰ ابن تیمیہ: ج ۴ ص ۹۵) اہل حدیث کا یہ بہت بڑا شرف ہے کہ ان کا امام (اعظم صرف) نبی صلی اللہ علیہ وسلم ہیں (تفسیر ابن کثیر: ج ۳ ص ۵۲، بنی اسرائیل: ۷۱) نیز دیکھئے (تفسیر ابن کثیر: ج ۱ ص ۳۷۸، آل عمران: ۸۱، ۸۲)

(۵) **صحیحین کا مقام:** اس پر امت کا اجماع ہے کہ صحیحین (صحیح بخاری وصحیح مسلم) کی تمام مسند متصل مرفوع احادیث صحیح اور قطعی الصحت ہیں۔ (مقدمہ ابن الصلاح: ص ۴۱، اختصار علوم الحدیث لابن کثیر: ص ۳۵)
شاہ ولی اللہ محدث دہلوی فرماتے ہیں: "صحیح بخاری اور صحیح مسلم کے بارے میں تمام محدثین متفق ہیں۔ کہ ان کی تمام متصل اور مرفوع احادیث یقیناً صحیح ہیں۔ یہ دونوں کتابیں اپنے مصنفین تک بالتواتر پہنچی ہیں۔ جو ان کی عظمت نہ کرے وہ بدعتی ہے جو مسلمانوں کی راہ کے خلاف چلتا ہے۔" (حجۃ اللہ البالغہ: ص ۲۴۲ مترجم عبدالحق حقانی)

(۶) **تقلید:** جو شخص نبی نہیں ہے اس کی بات کو بغیر دلیل کے ماننے کو تقلید کہتے ہیں۔ دیکھئے (مسلم الثبوت: ص ۲۸۹) اس تعریف پر امت مسلمہ کا اجماع ہے (الاحکام لابن حزم: ص ۸۳۶) لغت کی کتاب ''القاموس الوحید'' میں تقلید کا درج ذیل مفہوم لکھا ہوا ہے: ''بے سوچے سمجھے یا بے دلیل پیروی، نقل، سپردگی''
''بلا دلیل پیروی، آنکھ بند کر کے کسی کے پیچھے چلنا، کسی کی نقل اتارنا جیسے'' **قلد القرد الانسان** '' (ص ۱۳۴۶) نیز دیکھئے المعجم الوسیط (ص ۷۵۴)
جناب مفتی احمد یار نعیمی بدایوانی بریلوی نے غزالی سے نقل کیا ہے کہ:
'' **التقلید هو قبول قول بلا حجة** '' (جاء الحق ج ۱ ص ۱۵ طبع قدیم)
اشرف علی تھانوی دیوبندی صاحب سے پوچھا گیا کہ: ''تقلید کی حقیقت کیا ہے اور تقلید کس کو کہتے ہیں؟ ''تو انہوں نے فرمایا: ''تقلید کہتے ہیں امتی کا قول ماننا بلا دلیل'' عرض کیا گیا کہ کیا اللہ اور رسول ﷺ کے قول کو ماننا بھی تقلید کہلائے گا؟ فرمایا: ''اللہ اور اس کے رسول اللہ ﷺ کا حکم ماننا تقلید نہ کہلائے گا وہ اتباع کہلاتا ہے'' (الافاضات الیومیہ/ملفوظات حکیم الامت ۱۵۹/۳ ملفوظ ۲۲۸) یاد رہے اصول فقہ میں لکھا ہوا ہے کہ: قرآن ماننا، رسول ﷺ کی حدیث ماننا، اجماع ماننا، گواہوں کی گواہی پر فیصلہ کرنا، عوام کا علماء کی طرف رجوع کرنا (اور مسئلہ پوچھ کر عمل کرنا) تقلید نہیں ہے۔ (دیکھئے مسلم الثبوت: ص ۲۸۹ والتقریر والتحبیر: ۴۵۳/۳)
محمد عبید اللہ الاسعدی دیوبندی تقلید کے اصطلاحی مفہوم کے بارے میں لکھتے ہیں کہ: ''کسی کی بات کو بلا دلیل مان لینا تقلید کی اصل حقیقت یہی ہے لیکن ......'' (اصول الفقہ ص ۲۶۷) اصل حقیقت کو چھوڑ کر نام نہاد دیوبندی فقہاء کی تحریفات کون سنتا ہے!
احمد یار نعیمی صاحب لکھتے ہیں کہ: ''اس تعریف سے معلوم ہوا کہ رسول اللہ ﷺ کی اطاعت کرنے کو تقلید نہیں کہہ سکتے کیونکہ ان کا ہر قول وفعل دلیل شرعی ہے تقلید میں ہوتا ہے: دلیل شرعی کو نہ دیکھنا، لہذا ہم حضور ﷺ کے امتی کہلائیں گے نہ کہ مقلد، اسی طرح عالم کی اطاعت جو عام مسلمان کرتے ہیں اس کو بھی تقلید نہ کہا جائے گا کیونکہ کوئی بھی ان عالموں کی

بات یاان کے کام کواپنے لئے حجت نہیں بناتا....(جاءالحق ج۱ص۱۶)

اللہ تعالیٰ نے اس بات کی پیروی سے منع کیا ہے جس کا علم نہ ہو(سورہ بنی اسرائیل:۳۶) یعنی بغیر دلیل والی بات کی پیروی ممنوع ہے۔ چونکہ اللہ تعالیٰ اور رسول اللہ صلی اللہ علیہ وسلم کی بات بذات خود دلیل ہے اوراجماع کے حجت ہونے پر دلیل قائم ہے۔لہذا قرآن، حدیث اور اجماع کو ماننا تقلید نہیں ہے۔ دیکھئے (التحریر لا بن ہمام: ج۴ ص۲۴۱،۲۴۲ فواتح الرحموت: ج۲ص ۴۰۰) اللہ اور رسول ﷺ کے مقابلے میں کسی شخص کی بھی تقلید کرنا شرک فی الرسالت ہے۔رسول اللہ ﷺ نے دین میں رائے کے ساتھ فتویٰ دینے کی مذمت فرمائی ہے۔(صحیح بخاری:۱۰۸۶/۲ ح۷۳۰۷) عمر رضی اللہ عنہ نے اہل الرائے کوسنتِ نبوی ﷺ کا دشمن قرار دیا ہے(اعلام الموقعین: ج۱ص ۵۵)

امام ابن قیم رحمہ اللہ فرماتے ہیں: کہ ان آثار کی سند بہت زیادہ صحیح ہے۔(ایضاً)

سیدنا معاذ بن جبل رضی اللہ عنہ فرماتے ہیں: ” أما زلة عالم فان اهتدى فلا تقلدوه دينكم “

اور رہی عالم کی غلطی، اگر وہ ہدایت پر (بھی) ہوتو اپنے دین میں اس کی تقلید نہ کرو۔

(کتاب الزہد للامام وکیع ج۱ص ۳۰۰ ح۷۱ وسندہ حسن، کتاب الزہد لابی داود ص۷۷ اح۱۹۳ وحلیۃ الاولیاء ج۵ص ۹۷ وجامع بیان العلم وفضلہ لابن عبدالبر ج۲ص ۱۳۶ والاحکام لابن حزم ج ۶ ص ۲۳۶ وصحہ ابن القیم فی اعلام الموقعین ج ۲ص ۲۳۹)

اس روایت کے بارے میں امام دارقطنی نے فرمایا:

” والموقوف هو الصحيح “ اور (یہ) موقوف (روایت) ہی صحیح ہے(العلل الواردۃ ج۶ص۸۱سوال ۹۹۲)

عبداللہ بن مسعود رضی اللہ عنہ نے بھی تقلید سے منع کیا ہے۔(السنن الکبریٰ:۱۰/۲ وسندہ صحیح) ائمہ اربعہ (امام مالک، امام ابوحنیفہ اور امام شافعی اور امام احمد بن حنبل) نے بھی اپنی اور دوسروں کی تقلید سے منع کیا ہے(فتاویٰ ابن تیمیہ: ج۲ص ۱۰ ۲۱۱، اعلام الموقعین: ج ۲ص ۱۹۰، ۲۰۰، ۲۰۷، ۲۱۱، ۲۲۸) کسی امام سے بھی یہ بات قطعاً ثابت نہیں ہے کہ اس نے کہا ہو: ”میری تقلید کرو“ اس کے برعکس یہ بات ثابت ہے کہ مذاہب اربعہ کی تقلید کی بدعت چوتھی صدی ہجری میں شروع ہوئی ہے۔ (اعلام الموقعین: ج ۲ص ۲۰۸) اس پر مسلمانوں کا اجماع ہے کہ تقلید جہالت کا دوسرا نام ہے اور مقلد جاہل ہوتا ہے۔ (جامع بیان العلم: ج۲ص ۱۱۷، اعلام الموقعین: ج ۲ص ۱۸۸، ج۱ص ۷) ائمہ مسلمین نے تقلید کے رد میں کتابیں لکھی ہیں مثلاً امام ابومحمد القاسم بن محمد القرطبی (متوفی ۲۷۶ھ) کی کتاب ” الإيضاح في الرد على المقلدين “ (سیر اعلام النبلاء ج ۱۳ص ۳۲۹) جبکہ کسی ایک مستند امام سے یہ قطعاً ثابت نہیں ہے کہ اس نے تقلید کے وجوب یا جواز پر کوئی کتاب یا تحریر لکھی ہو۔ مقلدین حضرات ایک دوسرے سے خونریز جنگیں لڑتے رہے ہیں (معجم البلدان: ج۱ص ۲۰۹، ج۳ص ۱۱۷، الکامل لابن الاثیر: ج۸ص ۳۰۷، ۳۰۸، وفیات الاعیان: ج ۳ص ۲۰۸) ایک دوسرے کی تکفیر کرتے رہے ہیں (میزان الاعتدال: ج۴ص ۵۲، الفوائد البہیہ ص ۱۵۲، ۱۵۳)۔ انہوں نے بیت اللہ میں چار مصلے قائم

کر کے امت مسلمہ کو چار ٹکڑوں میں بانٹ دیا۔ چار اذانیں چار اقامتیں اور چار امامتیں!! چونکہ ہر مقلد اپنے زعم باطل میں اپنے امام و پیشوا سے بندھا ہوا ہے، اس لئے تقلید کی وجہ سے امت مسلمہ میں کبھی اتفاق و امن نہیں ہو سکتا۔ لہذا آیئے ہم سب مل کر کتاب وسنت کا دامن تھام لیں۔ کتاب وسنت میں ہی دونوں جہانوں کی کامیابی کا پورا پورا یقین ہے۔

(۷) نماز: سیدنا عبداللہ بن عباس رضی اللہ عنہما سے روایت ہے کہ:

"لما بعث النبي صلى الله عليه وسلم معاذ بن جبل نحو أهل اليمن قال له: إنك تقدم على قوم من أهل الكتاب فليكن أول ما تدعوهم إلى أن يوحدوا الله فإذا عرفوا ذلك فأخبرهم أن الله فرض عليهم خمس صلوات في يومهم وليلتهم فإذا صلوا۔۔الخ

جب نبی صلی اللہ علیہ وسلم نے معاذ بن جبل رضی اللہ عنہ کو یمن کی طرف بھیجا تو انہیں کہا: تم اہل کتاب قوم کے پاس جا رہے ہو۔ پس انہیں سب سے پہلے توحید کی دعوت دینا، جب وہ توحید (لا الہ الا اللہ اور محمد رسول اللہ) پہچان لیں تو انہیں بتانا کہ اللہ تعالیٰ نے ان پر دن، رات میں پانچ نمازیں فرض کی ہیں۔ جب وہ نماز پڑھنے لگیں تو۔۔۔الخ

(صحیح بخاری: ۱/۱۹۶ ح ۱۴۵۸، ۲/۱۰۹۶ ح ۷۳۷۲، واللفظ لہ، صحیح مسلم: ۱/۳۶ ح ۱۹)

فرض اور تطوع (غیر فرض) نماز کی تعداد، رکعات اور تمام تفصیل رسول اللہ صلی اللہ وعلیہ وسلم نے بیان فرما دی ہے اور اپنی امت کو حکم دیا کہ:

"صلّوا كما رأيتموني أصلّي" نماز اس طرح پڑھو جس طرح مجھے پڑھتے دیکھا ہے

(صحیح بخاری ۱/۸۸ ح ۶۳۱، ۲/۸۸۸ ح ۶۰۰۸، ۲/۱۰۷۶ ح ۷۲۴۶)

نبی صلی اللہ علیہ وسلم سے نماز کا طریقہ صحابہ رضی اللہ عنہم نے سیکھا۔ انہوں نے اس طریقہ مبارک کو احادیث کی شکل میں آگے پہنچایا۔ لہذا ثابت ہوا کہ امت مسلمہ نے نماز کا طریقہ احادیث سے سیکھا ہے۔ امت میں سے جس شخص یا گروہ کا طریقۂ نماز ان احادیث کے خلاف ہے، مثلاً مالکیوں کا ارسال یدین وغیرہ تو انہیں چاہیے کہ احادیث صحیحہ کی روشنی میں اپنی نمازوں کی اصلاح کر لیں۔

(۸) اوقات نماز: حدیث جبریل علیہ السلام (فی اوقات الصلوۃ) میں ہے کہ انہوں نے آپ صلی اللہ علیہ وسلم کو زوال کے بعد ظہر پڑھائی پھر ایک مثل پر عصر کی نماز پڑھائی......الخ اور دوسرے دن ایک مثل پر ظہر اور دو مثل پر عصر کی نماز پڑھائی۔ مغرب گذشتہ (کل) کی طرح غروب آفتاب کے بعد پڑھائی الخ۔ اور فرمایا: "اے محمد (صلی اللہ علیہ وسلم)! آپ سے پہلے انبیاء (علیہم السلام) کا یہ وقت ہے اور نماز کا وقت ان دو وقتوں کے درمیان ہے۔" اسے ترمذی (ح ۱۴۹) وغیرہ نے روایت کیا ہے اور اس کی سند حسن ہے۔ (آثار السنن ص ۱۲۲ ح ۱۹۴ وقال: إسنادہ حسن) اس قسم کی احادیث

جابر رضی اللہ عنہ وغیرہ سے بھی اچھی سندوں کے ساتھ مروی ہیں۔ نیموی حنفی فرماتے ہیں: ''مجھے کوئی حدیث صریح صحیح یا ضعیف نہیں ملی جو اس پر دلالت کرے کہ ظہر کا وقت سایہ کے دو مثل ہونے تک ہے۔'' (آثار السنن ص ۱۶۸ ح ۱۹۹ مترجم اُردو)

یاد رہے کہ بعض دیوبندیہ و بریلویہ اس سلسلہ میں مبہم اور غیر واضح شبہات پیش کرتے ہیں۔ حالانکہ اصولِ فقہ میں یہ قاعدہ مسلم ہے کہ منطوق، مفہوم پر مقدم ہوتا ہے۔

دیکھئے فتح الباری۔ (ج ۲ ص ۲۴۲، ۲۹۷، ۴۳۰، ج ۴ ص ۳۸۲، ۳۸۶، ج ۹ ص ۳۶۹، ج ۱۲ ص ۲۰۳)

(۹) نیت کا مسئلہ : اس میں شک نہیں کہ اعمال کا دارومدار نیت پر ہے۔ (صحیح بخاری: ۲/۹۹۰ ح ۶۶۸۹ صحیح مسلم: ۲/۱۴۰، ۱۴۱ ح ۱۵۵/۱۹۰۷) لیکن نیت دل کے ارادے اور مقصد کو کہتے ہیں، قصد و ارادہ کا مقام دل ہے زبان نہیں (الفتاوی الکبری لابن تیمیہ ج ۱ ص ۱) زبان کے ساتھ نیت کرنا نہ تو نبی صلی اللہ علیہ وسلم سے ثابت ہے اور نہ کسی صحابی سے اور نہ کسی تابعی سے الخ (زاد المعاد ج ۱ ص ۲۰۱) تفصیل کے لئے دیکھئے ہدیۃ المسلمین، حدیث: ۱

(۱۰) جُرابوں پر مسح: امام ابوداود السجستانی رحمہ اللہ فرماتے ہیں:

''ومسح على الجوربين علي بن أبي طالب و أبو مسعود و البراء بن عازب و أنس بن مالك و أبو أمامة و سهل بن سعد وعمرو بن حريث ، وروى ذلك عن عمر بن الخطاب و ابن عباس''

اور علی بن ابی طالب، ابومسعود (ابن مسعود) اور براء بن عازب، انس بن مالک، ابو امامہ، سہل بن سعد اور عمرو بن حریث نے جرابوں پر مسح کیا اور عمر بن خطاب اور ابن عباس سے بھی جرابوں پر مسح مروی ہے (رضی اللہ عنہم اجمعین) (سنن ابی داود: ۱/۲۴ ح ۱۵۹)

صحابہ کرام کے یہ آثار مصنف ابن ابی شیبہ (۱/۱۸۸، ۱۸۹) مصنف عبدالرزاق (۱/۱۹۹، ۲۰۰) محلی ابن حزم (۲/۸۴) الکنیٰ للدولابی (ج ۱ ص ۱۸۱) وغیرہ میں باسند موجود ہیں۔ سیدنا علی رضی اللہ عنہ کا اثر الاوسط لابن المنذر (ج ۱ ص ۴۶۲) میں صحیح سند کے ساتھ موجود ہے، جیسا کہ آگے آرہا ہے۔ امام ابن قدامہ فرماتے ہیں:

''ولأ ن الصحابة رضي الله عنهم مسحوا على الجوارب ولم يظهر لهم مخالف في عصر هم فكان اجماعاً''

اور چونکہ صحابہ نے جرابوں پر مسح کیا ہے اور ان کے زمانے میں ان کا کوئی مخالف ظاہر نہ ہوا۔ لہذا اس پر اجماع ہے کہ جرابوں پر مسح کرنا صحیح ہے۔ (المغنی: ۱/۱۸۱ مسئلہ ۴۲۶)

صحابہ کے اس اجماع کی تائید میں مرفوع روایات بھی موجود ہیں۔ مثلاً دیکھئے (المستدرک: ج ۱ ص ۱۶۹ ح ۶۰۲)

خفین پر مسح متواتر احادیث سے ثابت ہے۔ جرابیں بھی خفین کی ایک قسم ہیں جیسا کہ انس رضی اللہ عنہ، ابراہیم نخعی اور نافع وغیرہم سے مروی ہے۔ جولوگ جرابوں پر مسح کے منکر ہیں، ان کے پاس قرآن، حدیث اور اجماع سے ایک بھی صریح دلیل نہیں ہے۔

امام ابن المنذر النیسابوری رحمہ اللہ نے فرمایا:

''حدثنا محمد بن عبدالوهاب : ثنا جعفر بن عون : ثنا يزيد بن مردانبة : ثنا الوليد بن سريع عن عمرو بن حريث قال : رأيت علياً بال ثم توضأ ومسح على الجوربين ''

مفہوم:

۱: سیدنا علی رضی اللہ عنہ نے پیشاب کیا پھر وضو کیا اور جرابوں پر مسح کیا۔ (الاوسط ج۱ص۴۶۲) اس کی سند صحیح ہے۔

۲: ابوامامہ رضی اللہ عنہ نے جرابوں پر مسح کیا، دیکھئے مصنف ابن ابی شیبہ (ج۱ص۱۸۸ح۱۹۷۹) وسندہ حسن

۳: براء بن عازب رضی اللہ عنہ نے جرابوں پر مسح کیا، دیکھئے مصنف ابن ابی شیبہ (ج۱ص۱۸۹ح۱۹۸۴) وسندہ صحیح

۴: عقبہ بن عمرو رضی اللہ عنہ نے جرابوں پر مسح کیا، دیکھئے ابن ابی شیبہ (۱۸۹/۱ح۱۹۸۷) اور اس کی سند صحیح ہے۔

۵: سہل بن سعد رضی اللہ عنہ نے جرابوں پر مسح کیا، دیکھئے ابن ابی شیبہ (۱۸۹/۱ح۱۹۹۰) وسندہ حسن

ابن منذر نے کہا کہ: امام اسحاق بن راہویہ نے فرمایا کہ: ''صحابہ کا اس مسئلے پر کوئی اختلاف نہیں ہے۔ (الاوسط لابن المنذر ۴۶۴/۱، ۴۶۵) تقریباً یہی بات ابن حزم نے کہی ہے (المحلی ۸۶/۲، مسئلہ نمبر ۲۱۲) ابن قدامہ نے کہا: اس پر صحابہ کا اجماع ہے (المغنی ج۱ص۱۸۱، مسئلہ ۴۲۶)

معلوم ہوا کہ جرابوں پر مسح کے جائز ہونے کے بارے میں صحابہ کا اجماع ہے رضی اللہ عنہم اجمعین، اور اجماع شرعی حجت ہے رسول اللہ ﷺ نے فرمایا کہ: ''اللہ میری امت کو گمراہی پر کبھی جمع نہیں کرے گا'' (المستدرک للحاکم ۱۱۶/۱ح ۳۹۷، ۳۹۸) نیز دیکھئے ''ابراء اھل الحدیث والقرآن ممافی الشواھد من التھمۃ والبھتان'' ص۳۲، تصنیف حافظ عبداللہ محدث غازی پوری (متوفی ۱۳۳۷ھ) تلمیذ سید نذیر حسین محدث الدہلوی رحمہما اللہ تعالیٰ

مزید معلومات:

۱: ابراہیم النخعی رحمہ اللہ جرابوں پر مسح کرتے تھے۔ (مصنف ابن ابی شیبہ ۱۸۸/۱ح۱۹۷۷) اس کی سند صحیح ہے۔

۲: سعید بن جبیر رحمہ اللہ نے جرابوں پر مسح کیا۔ (ایضاً ۱۸۹/۱ح۱۹۸۹) اس کی سند صحیح ہے۔

۳: عطاء بن ابی رباح جرابوں پر مسح کے قائل تھے۔ (المحلی ۸۶/۲)

معلوم ہوا کہ تابعین کا بھی جرابوں پر مسح کے جواز پر اجماع ہے۔ والحمد للہ

۱: قاضی ابو یوسف جرابوں پر مسح کے قائل تھے۔ (الھدایہ ج۱ص۶۱)

۲: محمد بن الحسن الشیبانی بھی جرابوں پر مسح کا قائل تھا۔(ایضاً ۱/۶۱ باب المسح علی الخفین)

۳: امام ابوحنیفہ پہلے جرابوں پر مسح کے قائل نہیں تھے لیکن بعد میں انہوں نے رجوع کر لیا تھا۔

"وعنه أنه رجع إلى قولهما وعليه الفتوى "

اور امام صاحب سے مروی ہے کہ: انہوں نے صاحبین کے قول پر رجوع کر لیا تھا اور اسی پر فتوی ہے۔(الھدایہ: ج ۱ ص ۶۱)

امام ترمذی رحمہ اللہ فرماتے ہیں:

سفیان الثوری، ابن المبارک، شافعی، احمد اور اسحاق (بن راھویہ) جرابوں پر مسح کے قائل تھے۔ (بشرطیکہ وہ موٹی ہوں)

دیکھئے سنن الترمذی حدیث: ۹۹

جورب: سوت یا اون کے موزوں کو کہتے ہیں، (درس ترمذی ج ۱ ص ۳۳۴، تصنیف محمد تقی عثمانی دیوبندی) نیز دیکھئے البنایہ فی شرح الھدایہ للعینی (ج ۱ ص ۵۹۷)

تنبیہ: بعض لوگ "جرابوں پر مسح جائز نہیں ہے!" سید نذیر حسین محدث دہلوی رحمہ اللہ کے فتوے سے ثابت کرنے کی کوشش کرتے ہیں حالانکہ خود سید نذیر حسین محدث دہلوی رحمہ اللہ فرماتے ہیں کہ: "باقی رہا صحابہ کا عمل تو ان سے مسح جراب ثابت ہے اور تیرہ صحابہ کرام کے نام صراحت سے معلوم ہیں کہ وہ جراب پر مسح کیا کرتے تھے" (فتاوی نذیریہ: ج ۱ ص ۳۳۲) لہذا سید نذیر حسین محدث دہلوی رحمہ اللہ کا جرابوں پر مسح کے خلاف فتوی اجماعِ صحابہ کے خلاف ہونے کی وجہ سے مردود ہے۔

(۱۱) نماز میں سینے پر ہاتھ باندھنا: ھلب الطائی رضی اللہ عنہ سے روایت ہے کہ: "ورأيته: يضع هذه على صدره" اور میں نے آپ صلی اللہ علیہ وسلم کو دیکھا ہے کہ آپ ﷺ اپنا یہ (ہاتھ) اپنے سینے پر رکھتے تھے۔(مسند احمد: ۵/۲۲۶ ح ۲۲۳۱۳) اس کی سند حسن ہے۔ صحیح بخاری (۱/۱۰۲ ح ۷۴۰) میں سہل بن سعد رضی اللہ عنہ والی حدیث کا عموم بھی اس کا مؤید ہے۔ نبی صلی اللہ علیہ وسلم اور کسی ایک صحابی سے ناف کے نیچے ہاتھ باندھنا قطعاً ثابت نہیں ہے۔ مردوں کا ناف کے نیچے اور عورتوں کا سینہ پر ہاتھ باندھنا کسی صحیح تو در کنار ضعیف حدیث سے بھی ثابت نہیں ہے۔

(۱۲) فاتحہ خلف الامام: رسول اللہ صلی اللہ علیہ وسلم نے فرمایا:

" لاصلوة لمن لم يقرأ بفاتحة الكتاب " اس شخص کی نماز ہی نہیں جو سورہ فاتحہ نہ پڑھے۔

(صحیح بخاری: ۱/۱۰۴ ح ۷۵۶، صحیح مسلم: ۱/۱۶۹ ح ۳۴/۳۹۴)

یہ حدیث متواتر ہے (جزء القراۃ للبخاری: ح ۱۹) اس حدیث کے راوی سیدنا عبادہ رضی اللہ عنہ امام کے پیچھے سورہ فاتحہ پڑھنے کے قائل و فاعل تھے۔(کتاب القرأت للبیہقی: ص ۶۹ ح ۱۳۳، وسندہ صحیح نیز دیکھئے احسن الکلام: ۲/۱۴۲)

متعدد صحیح احادیث سے ثابت ہے کہ رسول صلی اللہ علیہ وسلم نے مقتدی کو امام کے پیچھے جہری اور سری دونوں نمازوں میں

سورہ فاتحہ پڑھنے کا حکم دیا ہے، مثلاً مشہور تابعی نافع بن محمود الانصاری مشہور بدری صحابی عبادہ رضی اللہ عنہ سے روایت کرتے ہیں کہ رسول اللہ صلی علیہ وسلم نے فرمایا:

" فلا تقرؤ ابشيءٍ من القرآن إذا جهرت إلا بأم القرآن"

جب میں اونچی آواز سے قرآن پڑھ رہا ہوتا ہوں تو سوائے سورہ فاتحہ کے قرآن میں سے کچھ بھی نہ پڑھو۔

(سنن ابی داوٗد:۱/۱۲۶ح ۸۲۴،سنن نسائی:۱/۱۴۶ح ۹۲۱)

اس حدیث کے بارے میں امام بیہقی فرماتے ہیں: "وهذا إسناد صحيح و رواته ثقات" اور یہ سند صحیح ہے اور اس کے راوی ثقہ ہیں۔ (کتاب القرأت:ص ۶۷ ح ۱۲۱)

امام دارقطنی فرماتے ہیں:

"هذا إسناد حسن ورجاله ثقات كلهم" یہ سند حسن ہے اور اس کے سارے راوی ثقہ ہیں۔(سنن دارقطنی:۱/۳۲۰)

اس قسم کی دیگر احادیث کو میں نے اپنی کتاب "الكواكب الدرية في وجوب الفاتحة خلف الإمام في الجهرية" میں جمع کر دیا ہے۔

متعدد صحابہ کرام رضی اللہ عنہم امام کے پیچھے جہری اور سری دونوں نمازوں میں فاتحہ پڑھنے کے قائل اور فاعل تھے۔ مثلاً ابو ہریرہ، ابوسعید الخدری، عبداللہ بن عباس، عبادہ بن الصامت، انس بن مالک، جابر، عبداللہ بن عمرو بن العاص، ابی بن کعب اور عبداللہ بن مسعود رضی اللہ عنہم اجمعین وغیرہم۔ ان آثارِ صحابہ کو میں نے اپنی کتاب "کاندھلوی صاحب اور فاتحہ خلف الامام" (الکواکب الدریہ) میں تفصیلاً جمع کر دیا ہے اور ان کا صحیح و حسن ہونا محدثین کرام سے ثابت کیا ہے۔ ابو ہریرہ رضی اللہ عنہ نے جہری اور سری نمازوں میں امام کے پیچھے سورہ فاتحہ پڑھنے کا حکم دیا ہے۔ (صحیح مسلم:۱/۱۶۹ح ۳۸/۳۹۵، مسند حمیدی ح ۹۸۰ وصحیح ابوعوانہ:۲/۱۲۸)

اور فرماتے ہیں کہ:"جب امام سورہ فاتحہ پڑھے تو تم بھی پڑھو اور اسے اس سے پہلے ختم کر دو"

(جزء القرأۃ للبخاری:ح ۲۳۷، ۲۸۳ واسنادہ حسن، آثار السنن:ح ۳۵۸)

یزید بن شریک التابعی رحمہ اللہ سے روایت ہے کہ:

" أنه سأل عمر عن القرأة خلف الإمام فقال: اقرأ بفاتحة الكتاب، قلت: وإن كنت أنت؟قال: وإن كنتُ أنا ، قلت: وإن جهرت؟ قال: وإن جهرتُ"

انہوں نے عمر رضی اللہ عنہ سے امام کے پیچھے قرأت کے بارے میں پوچھا تو انہوں نے فرمایا: سورہ فاتحہ پڑھ، انہوں نے کہا: اگر آپ (امام) بھی ہوں؟ تو فرمایا: اگرچہ میں بھی (امام) ہوں۔ انہوں نے کہا: اگر آپ قرأت بالجہر کر رہے ہوں؟ تو فرمایا: اگر میں قرأت بالجہر کر رہا ہوں (تو بھی پڑھ) (المستدرك على الصحيحين:۱/۲۳۹ح ۸۷۳)

اسے امام حاکم اور امام ذہبی نے صحیح کہا، امام دارقطنی فرماتے ہیں: ''هذا إسناد صحيح'' یہ سند صحیح ہے۔ (سنن دارقطنی: ۱/۳۱۷ ح ۱۱۹۸) اس کے سارے راوی ثقہ وصدوق ہیں۔ قرآن وحدیث میں ایسی ایک دلیل بھی نہیں ہے، جس میں صاف اور صریح طور پر مقتدی کو فاتحہ خلف الامام سے منع کیا گیا ہو۔ تقلیدیوں کے مستند عالم مولوی عبدالحئی لکھنوی صاحب صاف صاف اعلان کرتے ہیں کہ:

''لم يرد في حديث مرفوع صحيح النهي عن قرأة الفاتحة خلف الإمام وكل ماذكروه مرفوعاً فيه إما لا أصل له وإما لا يصح''

کسی مرفوع صحیح حدیث سے فاتحہ خلف الامام کی ممانعت ثابت نہیں ہے اور جو بھی (وہ) مرفوع احادیث ذکر کرتے ہیں یا تو وہ صحیح نہیں یا اس کی کوئی اصل ہی نہیں۔ (التعلیق الممجد: ص ۱۰۱)

اور کسی صحابی سے بھی فاتحہ خلف الامام کی ممانعت ثابت نہیں ہے۔ امام ابن عبدالبر نے اس پر علماء کا اجماع نقل کیا ہے کہ جس شخص نے امام کے پیچھے سورہ فاتحہ پڑھی اس کی نماز مکمل ہے اور اسے دوبارہ لوٹانے کی ضرورت نہیں۔ (فتاویٰ السبکی: ج ا ص ۱۴۸) امام ابن حبان نے بھی اسی اجماع کی گواہی دی ہے۔ (المجروحین: ج ۲ ص ۱۳)۔ امام بغوی فرماتے ہیں کہ: صحابہ کرام کی ایک جماعت سری اور جہری نمازوں میں فاتحہ خلف الامام کی فرضیت کی قائل ہے۔ یہی قول عمر عثمان، علی، ابن عباس، معاذ اور ابی ابن کعب رضی اللہ عنہم اجمعین سے منقول ہے۔ (شرح السنۃ: ۳/۸۴، ۸۵ ح ۶۰۷)

امام ترمذی رحمہ اللہ فرماتے ہیں کہ:

''والعمل على هذا الحديث في القرأة خلف الإمام عند أكثر أهل العلم من أصحاب النبي ﷺ والتابعين و هو قول مالك بن أنس و ابن المبارك و الشافعي وأحمد و إسحاق يرون القرأة خلف الإمام''

اس حدیث پر امام کے پیچھے قرأت کرنے میں اکثر صحابہ اور تابعین کا عمل ہے اور یہی قول امام مالک، امام ابن المبارک، امام شافعی، امام احمد بن حنبل، اور امام اسحاق بن راہویہ کا ہے۔ یہ قرأت (فاتحہ) خلف الامام کے قائل ہیں۔
(جامع ترمذی: ۱/۷۰، ۷۱ ح ۳۱۱)

(۱۳) آمین بالجہر: وائل بن حجر رضی اللہ عنہ سے روایت ہے کہ:

''كان رسول الله صلى الله عليه وسلم إذا قرأ ﴿ولا الضالين﴾ قال: آمين و رفع بها صوته''

رسول اللہ صلی اللہ علیہ وسلم جب ﴿ولا الضالین﴾ پڑھتے، تو فرماتے: آمین اور اس کے ساتھ اپنی آواز بلند کرتے تھے۔
(سنن ابی داؤد: ۱/۱۴۲ ح ۹۳۲)

ایک روایت میں ہے: "فجهر بآمين" پس آپ ﷺ نے آمین بالجہر کہی (ایضاً) حدیث (يرفع صوته بآمين) کے بارے میں امام دارقطنی نے کہا: "صحیح" (سنن دارقطنی: ۱ /۳۳۴ ح ۱۲۵۳،۱۲۵۴) ابن حجر نے کہا: وسندہ صحیح (التلخیص الحبیر: ۱/۲۳۶ ح ۳۵۳) ابن حبان اور ابن قیم وغیرہما نے بھی صحیح کہا۔ کسی قابل اعتماد امام نے اسے ضعیف نہیں کہا ہے۔ اس مفہوم کی دیگر صحیح روایات سیدنا علی، ابو ہریرہ رضی اللہ عنہما وغیرہما سے بھی مروی ہیں جنہیں راقم الحروف نے "القول المتين في الجهر بالتأمين" میں تفصیلاً ذکر کیا ہے۔

عطاء بن ابی رباح روایت کرتے ہیں کہ: "أمن ابن الزبير ومن ورائه حتى إن للمسجد للجة" ابن زبیر (رضی اللہ عنہما) اور ان کے مقتدیوں نے اتنی بلند آواز سے آمین کہی کہ مسجد گونج اٹھی۔

(صحیح بخاری: ۱/۱۰۷ ح قبل ۷۸۰ مصنف عبدالرزاق: ۲۶۴۰)

اس کی سند بالکل صحیح ہے (دیکھئے کتب رجال اور کتب اصول الحدیث) ابن عمر رضی اللہ عنہما اور ان کے ساتھی بھی امام کے پیچھے آمین کہتے اور اسے سنت قرار دیتے تھے۔ (صحیح ابن خزیمہ: ۱/۲۸۷ ح ۵۷۲) کسی ایک صحابی سے بھی باسند صحیح (خفیہ) بالسر آمین قطعاً ثابت نہیں ہے۔ معاذ بن جبل رضی اللہ عنہ سے روایت ہے کہ رسول اللہ صلی اللہ علیہ وسلم نے فرمایا: یہودی (آج کل) اپنے دین سے اکتا چکے ہیں اور وہ حاسد لوگ ہیں۔ وہ جن اعمال پر مسلمانوں سے حسد کرتے ہیں ان میں سے افضل ترین یہ ہیں: سلام کا جواب دینا، صفوں کو قائم کرنا، اور مسلمانوں کا فرض نماز میں امام کے پیچھے آمین کہنا۔ (مجمع الزوائد: ج ۲ ص ۱۱۳ وقال: اسنادہ حسن، الاوسط للطبرانی: ۵/۳۴۷ ح ۷۹۰۴ والقول المتین: ص ۴۷، ۴۸)

(۱۴) رفع یدین: نبی صلی اللہ علیہ وسلم سے نماز میں، رکوع سے پہلے اور رکوع کے بعد رفع یدین کرنا متعدد صحابہ نے روایت کیا ہے، مثلاً ابن عمر (صحیح البخاری: ج ۱ ص ۱۰۲ ح ۷۳۵ وصحیح مسلم: ج ۱ ص ۱۶۸ ح ۳۹۰) مالک بن الحویرث (صحیح البخاری: ج ۱ ص ۱۰۲ ح ۷۳۷ وصحیح مسلم: ج ۱ ص ۱۶۸ ح ۳۹۱) وائل بن حجر (صحیح مسلم: ج ۱ ص ۱۷۳ ح ۴۰۱) ابو حمید الساعدی، ابو قتادہ، سھل بن سعد الساعدی، ابو اسید، محمد بن مسلمہ (ابو داود: ۷۳۰، ۷۳۴، وھو حدیث صحیح) علی بن ابی طالب (صحیح ابن خزیمہ: ح ۵۸۴) ابو بکر الصدیق، عبداللہ بن الزبیر (السنن الکبریٰ للبیہقی: ۲/۷۳ وسندہ صحیح) ابو موسیٰ الاشعری رضی اللہ عنہم اجمعین (سنن دارقطنی: ج ۱ ص ۲۹۲، وسندہ صحیح) وغیرہم۔ متعدد اماموں نے اس بات کی گواہی دی ہے کہ رفع یدین قبل الرکوع وبعدہ متواتر ہے۔ مثلاً ابن جوزی، ابن حزم، العراقی، ابن تیمیہ، ابن قدامہ ابن حجر، الکتانی، السیوطی، الزبیدی اور زکریا الانصاری وغیرہم۔ دیکھئے (نور العینین فی مسئلہ رفع یدین: ص ۸۹، ۹۰)

انور شاہ کاشمیری دیوبندی فرماتے ہیں:

"وليعلم أن الرفع متواتر إسناداً وعملاً لايشك فيه ولم ينسخ ولاحرف منه" الخ

اور یہ جاننا چاہیے کہ رفع یدین بلحاظ سند اور عمل دونوں طرح متواتر ہے۔ اس میں کوئی شک نہیں ہے۔ اور رفع یدین بالکل

منسوخ نہیں ہوا بلکہ اس کا ایک حرف بھی منسوخ نہیں ہوا۔ (نیل الفرقدین: ص ۲۴ فیض الباری: ج ۲ ص ۴۵۵ حاشیہ)

" وعن ابن عمر أن رسول اللّٰه صلى الله عليه وسلم كان يرفع يديه حذو منكبيه إذا افتتح الصلوة و إذا كبر للركوع و إذا رفع رأسه من الركوع رفعهما كذلك وقال: سمع الله لمن حمده، ربنا لك الحمد وكان لا يفعل ذلك في السجود "

سیدنا ابن عمر (رضی اللہ عنہما) روایت کرتے ہیں کہ رسول اللہ صلی اللہ علیہ وسلم جب نماز شروع کرتے تو اپنے دونوں ہاتھ دونوں کندھوں تک اٹھاتے۔ اسی طرح جب رکوع کی تکبیر کہتے اور جب رکوع سے سر اٹھاتے تو اپنے دونوں ہاتھ کندھوں تک اٹھاتے تھے اور سمع الله لمن حمده، ربنا لك الحمد کہتے اور سجدوں میں رفع یدین نہیں کرتے تھے۔ (صحیح بخاری: ۱/۱۰۲ ح ۷۳۵، صحیح مسلم ۱/۱۶۸ ح ۳۹۰)

اس حدیث کے راوی ابن عمر رضی اللہ عنہما خود بھی رکوع سے پہلے اور رکوع کے بعد رفع یدین کرتے تھے (صحیح بخاری: ۱/۱۰۲ ح ۷۳۹) بلکہ جسے دیکھتے کہ رفع یدین نہیں کرتا تو اسے کنکریوں سے مارتے تھے (جزء رفع الیدین للبخاری: ۵۳ وصححہ النووی فی المجموع شرح المہذب: ج ۳ ص ۴۰۵) ابن عمر رضی اللہ عنہما سے رفع یدین کا ترک باسند صحیح قطعاً ثابت نہیں ہے، تارکین رفع یدین۔ ابوبکر بن عیاش کی عن حصین، عن مجاہد جو روایت پیش کرتے ہیں اس کے بارے میں محدثین کے امام یحیی بن معین فرماتے ہیں: "یہ وہم ہے اس کی کوئی اصل نہیں ہے۔" (جزء رفع الیدین للبخاری: ۱۶)

امام احمد بن حنبل فرماتے ہیں:

" رواه أبو بكر بن عياش عن حصين عن مجاهد عن ابن عمر وهو باطل "

یعنی: ابوبکر بن عیاش والی روایت باطل ہے۔ (مسائل احمد، روایۃ ابن ھانی: ج ۱ ص ۵۰)

ابوقلابہ تابعی فرماتے ہیں کہ:

" أنه رأى مالك بن الحوير ث إذا صلى كبّر ورفع يديه وإذا أراد أن ير كع رفع يديه و إذا رفع رأسه من الركوع رفع يديه وحدّث أن رسول اللّٰه صلى اللّٰه عليه وسلم صنع هكذا "

سیدنا مالک بن الحویرث رضی اللہ عنہ جب نماز پڑھتے تو تکبیر کے ساتھ رفع یدین کرتے اور جب رکوع کرتے تو رفع یدین کرتے اور جب رکوع سے سر اٹھاتے تو رفع یدین کرتے اور فرماتے کہ رسول اللہ صلی اللہ علیہ وسلم اسی طرح کرتے تھے۔

(صحیح بخاری: ۱/۱۰۲ ح ۷۳۷، صحیح مسلم: ۱/۱۶۸ ح ۳۹۱)

سیدنا مالک رضی اللہ عنہ کو رسول اللہ صلی اللہ علیہ وسلم نے حکم دیا تھا کہ: نماز اس طرح پڑھو جیسے مجھے دیکھا ہے۔ دیکھئے صحیح البخاری (ح ۶۳۱) ۔ آپ جلسہ استراحت بھی کرتے تھے اور اسے مرفوعاً بیان کرتے تھے۔ (صحیح بخاری: ۱/۱۱۳

۶۷۷، ۸۲۳ح ۱۱۴)۔ یہ جلسہ حنفیوں کے نزدیک آپ کی حالتِ کبر پر محمول ہے۔ یعنی جب آپ ﷺ آخری دور میں بڑھاپے کی وجہ سے کمزور ہو گئے تھے تو یہ جلسہ کرتے تھے۔ (ہدایہ ج ۱ ص ۱۱۰، حاشیہ السندھی علی النسائی ج ۱ ص ۱۴۰) آپ رفع یدین کے راوی ہیں لہذا ثابت ہوا کہ حنفیوں کے نزدیک نبی صلی اللہ علیہ وسلم آخری عمر میں بھی رفع یدین کرتے تھے۔ وائل بن حجر رضی اللہ عنہ سے روایت ہے کہ:

"فلما أراد أن يركع أخرج يديه من الثوب ثم رفعهما ثم كبر فركع فلما قال: سمع الله لمن حمده رفع يديه"

اور نبی صلی اللہ علیہ وسلم نے جب رکوع کا ارادہ کیا تو اپنے دونوں ہاتھ کپڑے سے نکالے اور رفع یدین کیا پھر تکبیر کہی اور رکوع کیا۔ جب **سمع الله لمن حمده** کہا تو رفع یدین کیا۔ الخ (صحیح مسلم: ۱/۱۷۳ ح ۴۰۱)

سیدنا وائل رضی اللہ عنہ یمن کے عظیم بادشاہ تھے (الثقات لابن حبان: ج ۳ ص ۴۲۴)۔ آپ نو (۹ ھ) میں نبی صلی اللہ علیہ وسلم کے پاس وفد کی شکل میں تشریف لائے تھے۔ (البدایہ والنہایہ: ۵/ ۷۱، عمدۃ القاری للعینی: ۵/ ۲۷۴) آپ اگلے سال دس (۱۰ ھ) کو بھی مدینہ منورہ آئے تھے (صحیح ابن حبان: ۳/ ۱۶۷، ۱۶۸ ح ۱۸۵۷) اس سال بھی آپ نے رفع یدین کا مشاہدہ کیا تھا (سنن ابی داؤد: ح ۷۲۷) لہذا آپ کی بیان کردہ نماز نبی صلی اللہ علیہ وسلم کے آخری دور کی نماز ہے۔ نبی صلی اللہ علیہ وسلم اور کسی صحابی سے رفع یدین عند الرکوع و بعدہ کا ترک یا نسخ یا ممانعت قطعاً ثابت نہیں ہے۔

سنن ترمذی (ج: ۱ ص ۵۹ ح ۲۵۷) میں سیدنا ابن مسعود رضی اللہ عنہ سے جو روایت منسوب ہے، اس میں سفیان ثوری مدلس ہیں (الجوہر النقی لابن الترکمانی الحنفی: ج ۸ ص ۲۶۲) مدلس کی عن والی روایت ضعیف ہوتی ہے۔ (مقدمہ ابن الصلاح: ص ۹۹ الکفایہ: ص ۳۶۴) دوسرا یہ کہ بیس سے زیادہ اماموں نے اسے ضعیف قرار دیا ہے، لہذا یہ سند ضعیف ہے براء بن عازب رضی اللہ عنہ سے منسوب روایتِ ترک میں یزید بن ابی زیاد الکوفی ضعیف ہے (تقریب التہذیب: ۷۷۱۷) مسند حمیدی اور مسند ابی عوانہ میں یار لوگوں نے تحریف کی ہے۔ اصلی قلمی نسخوں میں رفع یدین کا اثبات ہے، جسے بعض مفاد پرستوں نے تحریف کرتے ہوئے نفی بنا دیا ہے، جو تحقیق کرنا چاہے وہ ہمارے پاس آ کر اصلی قلمی نسخوں کی فوٹو سٹیٹس دیکھ سکتا ہے۔ بعض لوگوں نے ترک رفع یدین پر وہ روایات بھی پیش کرنے کی کوشش کی ہے جن میں رفع یدین کے کرنے یا نہ کرنے کا ذکر تک نہیں ہے، حالانکہ عدم ذکر نفی ذکر کی دلیل نہیں ہوتا۔ (الدرایہ لابن حجر: ص ۲۲۵)

جو شخص نماز میں رفع یدین کرتا ہے اسے ہر انگلی کے بدلے ایک نیکی ملتی ہے۔ یعنی ایک رفع یدین پر دس نیکیاں (**المعجم الكبير للطبراني** ج ۱۷ ص ۲۹۷، مجمع الزوائد: ج ۲ ص ۱۰۳ وقال: واسنادہ حسن)۔ عیدین کی نماز میں تکبیرات زوائد پر رفع یدین کرنا بالکل صحیح ہے، کیونکہ نبی صلی اللہ علیہ وسلم رکوع سے پہلے ہر تکبیر کے ساتھ رفع

یدین کرتے تھے۔(ابوداؤد: ح ۷۲۲، مسند احمد: ۲/۱۳۳، ۱۳۴ ح ۶۱۷۵، منتقی ابن الجارود: ص ۶۹ ح ۱۷۸)۔

اس حدیث کی سند بالکل صحیح ہے، بعض لوگوں کا عصرِ حاضر میں اس حدیث پر جرح کرنا مردود ہے۔ امام بیہقی اور امام ابن المنذر نے اس حدیث سے ثابت کیا ہے کہ تکبیراتِ عیدین میں بھی رفع یدین کرنا چاہئے۔ دیکھئے التلخیص الحبیر (ج ۱ ص ۸۶ ح ۶۹۲) والسنن الکبری للبیہقی (۳/۲۹۲، ۲۹۳) والاوسط لابن المنذر (۴/۲۸۲)

عیدالفطر والی تکبیرات کے بارے میں عطاء بن ابی رباح (تابعی) فرماتے ہیں کہ:

" نعم ویرفع الناس أیضاً " جی ہاں ان تکبیرات میں رفع یدین کرنا چاہئے، اور (تمام) لوگوں کو بھی رفع یدین کرنا چاہئے۔ (مصنف عبدالرزاق: ۳/۲۹۶ ح ۵۶۹۹، وسندہ صحیح)

امام اہلِ الشام اوزاعی رحمہ اللہ فرماتے ہیں کہ: " نعم ارفع یدیك مع کلهن "

جی ہاں، ان ساری تکبیروں کے ساتھ رفع یدین کرو۔ (احکام العیدین للفریابی: ح ۱۳۶، وسندہ صحیح)

امام دارالہجرۃ مالک بن انس رحمہ اللہ نے فرمایا:

" نعم ، إرفع یدیك مع کل تکبیرة ولم أسمع فیه شیئاً "

جی ہاں، ہر تکبیر کے ساتھ رفع یدین کرو اور میں نے اس (کے خلاف) کوئی چیز نہیں سنی۔(احکام العیدین: ح ۱۳۷، وسندہ صحیح)

اس صحیح قول کے خلاف مالکیوں کی غیر مستند کتاب "مدونہ" میں ایک بے سند قول مذکور ہے (ج ۱ ص ۱۵۵) یہ بے سند حوالہ مردود ہے، "مدونہ" کے رد کے لئے دیکھئے میری کتاب القول المتین فی الجہر بالتأمین (ص ۷۳)

اسی طرح امام نووی کا حوالہ بھی بے سند ہونے کی وجہ سے مردود ہے۔(دیکھئے المجموع شرح المہذب: ج ۵ ص ۲۶)

امام اہلِ مکہ شافعی رحمہ اللہ بھی تکبیراتِ عیدین میں رفع یدین کے قائل تھے، دیکھئے کتاب الأم (ج ۱ ص ۲۳۷)

امام اہلِ سنت احمد بن حنبل فرماتے ہیں کہ:

" یرفع یدیه في کل تکبیرة " (عیدین کی) ہر تکبیر کے ساتھ رفع یدین کرنا چاہئے۔

(مسائل احمد روایۃ ابی داود ص: ۶۰ باب التکبیر فی صلوۃ العید)

ان تمام آثار سلف کے مقابلے میں محمد بن الحسن الشیبانی نے لکھا ہے کہ:

" ولا یرفع یدیه " اور (عیدین کی تکبیرات میں) رفع یدین نہ کیا جائے۔

(کتاب الاصل: ج ۱ ص ۳۷۴، ۳۷۵ والاوسط لابن المنذر: ج ۴ ص ۲۸۲)

یہ قول دو وجہ سے مردود ہے:

۱: محمد بن الحسن الشیبانی کذاب ہے۔(دیکھئے کتاب الضعفاء للعقیلی: ج ۴ ص ۵۲، وسندہ صحیح، وجزء رفع الیدین للبخاری بتحقیقی: ص ۳۲) اس کی توثیق کسی معتبر محدث سے، صراحتاً با سند صحیح ثابت نہیں ہے۔ میں نے اس موضوع پر ایک رسالہ

''النصر الربانی'' لکھا ہے جس میں ثابت کیا ہے کہ شیبانی مذکور کذاب وساقط العدالت ہے، والحمدللہ

۲: اس کذابِ مذکور کا قول سلف صالحین کے اجماع واتفاق کے خلاف ہونے کی وجہ سے بھی مردود ہے۔

جنازہ میں ہر تکبیر پر رفع یدین سیدنا ابن عمر رضی اللہ عنہما سے ثابت ہے۔

(جزء رفع الیدین للبخاری: ح ۱۱۱، مصنف ابن ابی شیبہ: ۲۹۸/۳ ح ۱۱۳۸۸ واسنادہ صحیح)

مکحول تابعی جنازے میں ہر تکبیر کے ساتھ رفع یدین کرتے تھے۔ (جزء رفع الیدین للبخاری: ح ۱۱۶، وسندہ حسن)

امام زہری جنازے میں ہر تکبیر کے ساتھ رفع یدین کرتے تھے۔ (جزء رفع الیدین للبخاری: ۱۱۸، وسندہ صحیح)

قیس بن ابی حازم (تابعی) جنازے میں ہر تکبیر کے ساتھ رفع یدین کرتے تھے۔ (دیکھئے جزء رفع الیدین للبخاری: ۱۱۲، وسندہ صحیح، مصنف ابن ابی شیبہ: ۲۹۶/۳ ح ۱۱۳۸۵) نافع بن جبیر جنازے میں ہر تکبیر کے ساتھ رفع یدین کرتے تھے۔ (جزء رفع الیدین: ۱۱۴ وسندہ حسن) حسن بصری جنازے میں ہر تکبیر کے ساتھ رفع یدین کرتے تھے۔ (جزء رفع الیدین: ۱۲۲، وسندہ صحیح)

درج ذیل علماء سلف صالحین بھی جنازے میں ہر تکبیر کے ساتھ رفع یدین کے قائل وفاعل تھے۔

عطاء بن ابی رباح (مصنف عبدالرزاق: ۴۶۸/۳ ح ۶۳۵۸، وسندہ قوی) عبدالرزاق (مصنف: ح ۶۳۴۷)

محمد بن سیرین (مصنف ابن ابی شیبہ: ۲۹۷/۳ ح ۱۱۳۸۹، وسندہ صحیح)

ان تمام آثار سلف صالحین کے مقابلے میں ابراہیم نخعی (تابعی) جنازے میں ہر تکبیر کے ساتھ رفع یدین نہیں کرتے تھے

(دیکھئے مصنف ابن ابی شیبہ: ج ۳ ص ۲۹۶ ح ۱۱۳۸۶، وسندہ حسن)

معلوم ہوا کہ جمہور سلف صالحین کا یہ مسلک ہے کہ جنازے کی ہر تکبیر کے ساتھ رفع یدین کیا جائے، جیسا کہ باحوالہ گزر چکا ہے اور یہی مسلک راجح وصواب ہے، والحمدللہ

(۱۵) سجدہ سہو: سجدہ سہو سلام سے پہلے بھی جائز ہے (صحیح بخاری: ۱۶۳/۱ ح ۱۲۲۴، صحیح مسلم ج ۱ ص ۲۱۱) اور سلام کے بعد بھی جائز ہے۔ (صحیح بخاری: ح ۱۲۲۶ وصحیح مسلم: ح ۵۷۴) سجدہ سہو میں صرف ایک طرف سلام پھیرنے کا کوئی ثبوت احادیث میں نہیں ہے۔

(۱۶) اجتماعی دُعا: دُعا کرنا بہت بڑی عبادت ہے۔ پیارے رسول اللہ صلی اللہ علیہ وسلم نے فرمایا:

" الدعاء هو العبادة " دُعا ہی عبادت ہے۔

(ترمذی: ۱۶۰/۲، ۱۷۵ ح ۳۲۴۷، ۳۳۷۲، ابوداؤد: ۲۱۵/۱ ح ۱۴۷۹، وقال الترمذی: "هذا حديث حسن صحيح")

نماز کے بعد متعدد دعائیں ثابت ہیں۔ (دیکھئے صحیح بخاری: ۹۳۷/۲ ح ۶۳۲۹، ۶۳۳۰) ایک ضعیف روایت میں آیا ہے کہ: نبی صلی اللہ علیہ وسلم نے فرض نماز کے آخر والی دعا کو زیادہ مقبول قرار دیا ہے۔ (ترمذی: ۱۸۷/۲ ح ۳۴۹۹

وسندہ ضعیف) مطلق دعا میں ہاتھوں کا اٹھانا متواتر احادیث سے ثابت ہے۔ (نظم المتناثر من الحدیث المتواتر: ص ۱۹۰، ۱۹۱) فرض نماز کے بعد امام اور مقتدیوں کا التزاماً یا لزوماً اجتماعی دعا کرنا ثابت نہیں ہے۔ (دیکھئے فتاوی ابن تیمیہ ج ۱ ص ۱۸۴، بذل المجھود: ج ۳ ص ۱۳۸، قد قامت الصلوۃ ص ۴۰۵)

(۱۷) نماز فجر (صبح) کی دو سنتیں: صحیح مسلم میں ہے کہ رسول اللہ صلی اللہ علیہ وسلم نے فرمایا:

" إذا أقيمت الصلوة فلا صلوة إلا المكتوبة "

جب نماز کی اقامت ہو جائے تو (اس) فرض نماز کے علاوہ دوسری کوئی نماز نہیں ہوتی۔ (۱/۲۴۷ ح ۷۱۰/۶۳) قیس بن قہد رضی اللہ عنہ آئے اور نبی صلی اللہ علیہ وسلم صبح کی نماز پڑھا رہے تھے۔ انہوں نے آپ کے ساتھ یہ نماز پڑھی۔ جب آپ نے سلام پھیرا تو وہ اٹھ کھڑے ہوئے اور صبح کی دو رکعتیں (سنتیں) پڑھیں، نبی صلی اللہ علیہ وسلم ان کی طرف دیکھ رہے تھے۔ آپ نے ان سے پوچھا: "ماهاتان الركعتان" ؟ یہ دو رکعتیں کیا ہیں؟
انہوں نے کہا: میری (یہ) دو رکعتیں صبح سے پہلے والی رہ گئی تھیں، تو نبی صلی اللہ علیہ وسلم خاموش ہو گئے اور کچھ نہیں کہا۔ (صحیح ابن خزیمہ: ۲/۱۶۴ ح ۱۱۱۶، صحیح ابن حبان: ۴/۸۲ ح ۲۴۶۲) امام حاکم اور امام ذہبی دونوں نے اسے صحیح قرار دیا ہے (المستدرک: ج ۱ ص ۲۷۴) اس سلسلہ میں سورج نکلنے کے بعد نماز پڑھنے والی جو روایت (سنن ترمذی: ۴۲۳ میں) ہے اس میں قتادہ راوی مدلس ہے، اور عن سے روایت کر رہا ہے۔ لہذا وہ روایت مشکوک اور ضعیف ہے۔

(۱۸) جمع بین الصلاتین: رسول اللہ صلی اللہ علیہ وسلم نے سفر میں ظہر وعصر کی دونوں نمازیں اکٹھی کر کے پڑھیں۔ اسی طرح مغرب وعشاء کی بھی اکٹھی پڑھی ہیں (صحیح مسلم: ۱/۲۴۵ ح ۷۰۴/۴۶)۔ متعدد صحابہ جمع بین الصلاتین فی السفر کے قائل و فاعل تھے۔ مثلاً ابن عباس، انس بن مالک، سعد، ابو موسیٰ رضی اللہ عنہم اجمعین (دیکھئے مصنف ابن ابی شیبہ: ج ۲ ص ۴۵۲، ۴۵۷) نبی صلی اللہ علیہ وسلم قرآن مجید کے شارح اعظم ومبین اعظم تھے۔ لہذا یہ ہو ہی نہیں سکتا کہ آپ کا فعل قرآن پاک کے خلاف ہو۔ لہذا سفر میں جمع بین الصلاتین کو قرآن مجید کے مخالف سمجھنا غلط ہے۔ عذر کے بغیر نمازیں جمع کرنا ثابت نہیں ہے۔ سفر، بارش، انتہائی شدید شرعی عذر کی بنیاد پر جمع کرنا جائز ہے۔ (كما ثبت في صحيح مسلم) جمع تقدیم وجمع تاخیر مثلاً ظہر کے وقت عصر کی نماز بھی پڑھ لینا یا پھر عصر کے وقت ظہر کی نماز پڑھنا دونوں طرح جائز ہے۔ (مشکوۃ بتحقیقی: ۱۳۴۴، ابو داود: ۱/۱۷۹ ح ۱۲۲۰، ترمذی: ۱/۱۲۴ ح ۵۵۳ وصححہ ابن حبان: ۱۵۹۱) سفر میں جمع بین الصلاتین کی روایات صحیح بخاری (۱/۱۴۹ ح ۱۱۰۸ تا ۱۱۱۲) میں بھی موجود ہیں۔ ابن عمر رضی اللہ عنہما بارش میں دو نمازیں اکٹھی پڑھتے تھے (مؤطا امام مالک: ۱/۱۴۵ ح ۳۲۹، وسندہ صحیح)

(۱۹) نماز وتر: نبی صلی اللہ علیہ وسلم سے ایک رکعت وتر کا ثبوت قولاً اور فعلاً دونوں طرح متعدد احادیث سے

ثابت ہے۔مثلاً دیکھئے(صحیح بخاری:۱/۱۳۵ح ۹۹۰قول،۱/۱۳۵، ۱۳۶ح ۹۹۵فعل،صحیح مسلم:۱/۲۵۷ح ۱۴۶/۷۴۹ قول۔۱/۲۵۷ح ۱۵۷/۷۴۹فعل) آپ ﷺ نے فرمایا:

" الوتر حق على كل مسلم فمن أحب أن يوتر بخمس فليفعل ومن أحب أن يوتر بثلاث فليفعل ومن أحب أن يوتر بواحدة فليفعل"

وتر ہر مسلمان پر حق ہے۔پس جس کی مرضی ہو پانچ وتر پڑھے اور جس کی مرضی ہو تین وتر پڑھے اور جس کی مرضی ہو ایک وتر پڑھے۔ (سنن ابی داوٗد: ۱/۲۰۸ح ۱۴۲۲ ،سنن نسائی مع التعلیقات السلفیۃ:۱/۲۰۲ح ۱۷۱۳)

اس حدیث کو امام ابن حبان نے اپنی صحیح میں درج کیا ہے(الاحسان :ج ۴ص ۶۳ ح ۲۴۰۳)اور امام حاکم اور ذہبی دونوں نے بخاری و مسلم کی شرط پر صحیح کہا ہے۔(المستدرک:ج ا ص ۳۰۲) تین رکعات وتر پڑھنے کا طریقہ یہ ہے کہ دو رکعتیں پڑھے اور سلام پھیر دے پھر ایک وتر پڑھے(صحیح مسلم :۱/۲۵۴ح ۱۲۲/۷۳۶، ۱۲۳/۷۳۷، صحیح ابن حبان: ج ۴ص ۰ ۷ ح ۲۴۲۶،مسند احمد: ج ۲ص ۷۶ ح ۲۴۲۰، المعجم الاوسط للطبرانی: ج اص ۴۲۲ واسنادہ صحیح)

تین وتر ،نماز مغرب کی طرح پڑھنا ممنوع ہیں۔(صحیح ابن حبان: ج ۴ص ۶۸ ،المستدرک: ج ا ص ۳۰۴ ،اسے حاکم اور ذہبی دونوں نے بخاری و مسلم کی شرط پر صحیح کہا ہے)۔لہذا ایک سلام اور دو تشہدوں سے تین وتر اکٹھے پڑھنا ممنوع ہیں۔ اگر کوئی شخص ایک سلام سے تین وتر پڑھنا چاہتا ہے جیسا کہ بعض آثار سے ثابت ہے تو اسے چاہئے کہ دوسری رکعت میں تشہد کے لئے نہ بیٹھے بلکہ تین وتر ایک تشہد ہی سے پڑھے۔

(۲۰) نماز قصر: صحیح مسلم(۱/۲۴۲ح ۶۹۱/۱۲) میں یحی بن یزید الھنائی رحمہ اللہ سے روایت ہے کہ:

" سألت أنس بن مالك عن قصر الصلوة فقال: كان رسول الله صلى الله عليه وسلم إذاخرج ميسرة ثلاثة أميال أوثلاثة فراسخ- شعبة الشاك- صلى ركعتين "

میں نے انس بن مالک رضی اللہ عنہ سے نماز قصر کے بارے میں پوچھا تو آپ نے فرمایا: رسول اللہ صلی اللہ علیہ وسلم جب تین (۳) میل یا تین فرسخ (نو میل) سفر کے لئے نکلتے۔شعبہ کو شک ہے (تین یا نو کے بارے میں) تو آپ دو رکعتیں پڑھتے تھے۔

سیدنا ابن عمر رضی اللہ عنہما تین (۳) میل پر بھی قصر کے جواز کے قائل تھے۔(مصنف ابن ابی شیبہ: ج ۲ص ۴۴۳ ح ۸۱۲۰) سیدنا عمر رضی اللہ عنہ بھی اسی کے قائل تھے (فقہ عمر اردو ص ۳۹۴،مصنف ابن ابی شیبہ: ۲/۴۴۵ ح ۸۱۳۷)۔احتیاط بھی اسی میں ہے کہ کم از کم نو (۹) میل پر قصر کیا جائے،اس طرح تمام احادیث پر عمل با آسانی ہو جاتا ہے۔

(۲۱) قیام رمضان (تراویح): صحیح بخاری (۱/۲۶۹ ح ۲۰۱۳) میں عائشہ رضی اللہ عنہا سے

روایت ہے کہ: رسول اللہ صلی اللہ علیہ وسلم رمضان اور غیر رمضان میں گیارہ رکعات (۱۱) سے زیادہ نہیں پڑھتے تھے۔
اس حدیث کی روشنی میں جناب انور شاہ کاشمیری دیوبندی فرماتے ہیں:

"ولا مناص من تسلیم أن تراویحه علیه السلام کانت ثمانیة رکعات"

اس بات کے تسلیم کرنے سے کوئی چھٹکارا نہیں ہے کہ آپ صلی اللہ علیہ وسلم کی تراویح آٹھ رکعات تھی۔
(العرف الشذی: ج ا ص ۱۶۶)

اور مزید فرماتے ہیں:

"وأما النبي صلی اللّٰه علیه وسلم فصح عنه ثمان رکعات و أما عشرون رکعة فهو عنه علیه السلام بسند ضعیف و علی ضعفه اتفاق"

اور مگر نبی صلی اللہ علیہ وسلم سے آٹھ (۸) رکعتیں صحیح ثابت ہیں، اور بیس (۲۰) رکعات والی جو حدیث آپ سے مروی ہے تو وہ ضعیف ہے اور اس کے ضعیف ہونے پر اتفاق ہے۔ (ایضاً: ص ۱۶۶)

امیر المومنین عمر بن الخطاب رضی اللہ عنہ نے اس سنت نبوی پر عمل کرتے ہوئے حکم دیا: "أن یقوما للناس بإحدی عشرة رکعة" کہ لوگوں کو گیارہ رکعات پڑھائیں۔ (موطا امام مالک: ص ۹۸ و نسخہ اخری ۱/۱۱۵ ح ۲۴۹)

اسے امام ضیاء المقدسی نے صحیح قرار دیا ہے۔ محمد بن علی النیموی اس روایت کے بارے میں لکھتے ہیں: وإسناده صحیح اور اس کی سند صحیح ہے (آثار السنن: ح ۷۷۶) لہذا بعض متعصب فرقہ پرستوں کا پندرھویں صدی میں اسے مضطرب وغیرہ کہنا باطل اور بے بنیاد ہے۔ اس حکم پر ابی بن کعب اور تمیم داری رضی اللہ عنہما نے عمل کر کے دکھایا تھا۔ (مصنف ابن ابی شیبہ: ج ۲ ص ۳۹۱، ۳۹۲ ح ۷۶۷۰) صحابہ رضی اللہ عنہم بھی گیارہ (رکعت) ہی پڑھتے تھے۔ (سنن سعید بن منصور بحوالہ الحاوی للسیوطی: ص ۳۴۹ ج ۲) اس عمل کی سند کو حافظ سیوطی "بسند فی غایة الصحة" بہت زیادہ صحیح سند کہتے ہیں۔ یاد رہے کہ عمر رضی اللہ عنہ سے بلحاظِ حکم و بلحاظِ فعل، بیس (۲۰) رکعات باسند صحیح قطعاً ثابت نہیں ہیں۔

(۲۲) تکبیرات عیدین:

نبی صلی اللہ علیہ وسلم نے فرمایا:

"التکبیر في الفطر سبع في الأولیٰ وخمس في الآخرة والقراءة بعدهما کلتیهما"

عید الفطر کے دن پہلی رکعت میں سات اور دوسری میں پانچ تکبیریں ہیں۔ اور دونوں رکعتوں میں قرأت ان تکبیروں کے بعد ہے۔ (ابوداؤد: ۱/۱۷۰ ح ۱۱۵۱)

اس حدیث کے بارے میں امام بخاری نے کہا: "هو صحیح" (العلل الکبیر للترمذی: ج ا ص ۲۸۸)

اسے امام احمد بن حنبل اور امام علی بن المدینی نے بھی صحیح کہا ہے۔ (التلخیص الحبیر: ۲/۸۴) عمرو بن شعیب عن ابیہ عن جدہ کے حجت ہونے پر میں نے مسند الحمیدی کی تخریج میں تفصیلی بحث لکھی ہے۔ اس روایت کے دیگر شواہد کے لیے ارواء

الغلیل (۱۰۶/۳تا۱۱۳) وغیرہ دیکھیں۔ نافع فرماتے ہیں: کہ میں نے ابو ہریرہ رضی اللہ عنہ کے پیچھے عیدالاضحیٰ اور عید الفطر کی نماز پڑھی۔ انہوں نے پہلی رکعت میں قرأت سے پہلے سات تکبیریں اور دوسری رکعت میں قرأت سے پہلے پانچ تکبیریں کہیں۔ (مؤطا امام مالک: ۱/۱۸۰ ح ۴۳۵) اس کی سند بالکل صحیح اور بخاری و مسلم کی شرط پر ہے۔

شعیب بن ابی حمزہ عن نافع کی روایت میں ہے۔ ''وھی السنة'' (السنن الکبریٰ: ج ۳ ص ۲۸۸) اور یہ سنت ہے۔ امام مالک فرماتے ہیں کہ: ہمارے ہاں یعنی مدینہ میں اسی پر عمل ہے (مؤطا: ۱/۱۸۰) عبداللہ بن عمر رضی اللہ عنہما بھی عیدین کی پہلی رکعت میں سات تکبیریں اور دوسری میں پانچ تکبیریں کہتے تھے۔ (شرح معانی الآثار للطحاوی: ۴/۳۴۵)

سیدنا عبداللہ بن عباس رضی اللہ عنہما بھی پہلی رکعت میں قرأت سے پہلے سات اور دوسری رکعت میں قرأت سے پہلے پانچ تکبیریں کہتے تھے (مصنف ابن ابی شیبہ: ج ۲ ص ۱۷۳ ح ۵۷۰۱)۔ ابن جریج کے سماع کی تصریح احکام العیدین للفریابی (ص ۱۷۶ ح ۱۲۸) میں موجود ہے، اس کے دیگر صحیح شواہد کے لیے ارواء الغلیل (ج ۳ ص ۱۱۱) وغیرہ کا مطالعہ کریں۔ امیر المومنین سیدنا عمر بن عبدالعزیز بھی پہلی رکعت میں قرأت سے پہلے سات اور دوسری میں قرأت سے پہلے پانچ تکبیریں کہتے تھے۔ (مصنف ابن ابی شیبہ: ج ۲ ص ۱۷۶ ح ، احکام العیدین: ص ۱۷۱، ۲ ح ۱۱۷) اس کی سند صحیح ہے۔ (سواطع القمرین ص ۱۷۲)۔ باب رفع یدین (۱۴) کے تحت یہ باسند حسن گزر چکا ہے کہ جو شخص رفع یدین کرتا ہے اسے ہر انگلی کے بدلے میں ایک نیکی ملتی ہے۔ ابن عمر رضی اللہ عنہما فرماتے ہیں: کہ نبی صلی اللہ علیہ وسلم رکوع سے پہلے ہر تکبیر میں رفع یدین کرتے تھے (ابوداؤد: ۱/۱۱۱ ح ۷۲۲، مسند احمد: ۲/۱۳۴ ح ۶۱۷۵) اس کی سند بخاری و مسلم کی شرط پر صحیح ہے۔ (ارواء الغلیل: ج ۳ ص ۱۱۳) امام ابن المنذر اور امام بیہقی نے تکبیرات عیدین میں رفع یدین کے مسئلے پر اس حدیث سے حجت پکڑی ہے۔ (التلخیص الحبیر: ج ۲ ص ۸۶) اور یہ استدلال صحیح ہے، کیونکہ عموم سے استدلال کرنا بالاتفاق صحیح ہے۔ جو شخص رفع یدین کا منکر ہے وہ اس عام دلیل کے مقابلے میں خاص دلیل پیش کرے۔ یاد رہے کہ تکبیرات عیدین میں عدم رفع یدین والی ایک دلیل بھی پورے ذخیرہ حدیث میں نہیں ہے۔

(۲۳) نماز جمعہ: جمعہ کا فرض ہونا متواتر احادیث سے ثابت ہے۔ سیدنا عمر رضی اللہ عنہ سے روایت ہے کہ:

''صلاة السفر ركعتان ، وصلاة الجمعة ركعتان ، والفطر والأضحى ركعتان تمام غير قصر ، على لسان محمد صلى الله عليه وسلم''

نماز سفر دو رکعتیں ہیں اور نماز جمعہ دو رکعتیں ہیں۔ عید الفطر اور عید الاضحیٰ کی (بھی) دو رکعتیں ہیں، یہ نبی صلی اللہ علیہ وسلم کی زبان پر پوری ہیں قصر نہیں ہیں۔ (سنن ابن ماجہ: ص ۷۴ ح ۱۰۶۴)

قرآن پاک کی آیت مبارکہ:

﴿ يَا أَيُّهَا الَّذِينَ آمَنُوا إِذَا نُودِيَ لِلصَّلَاةِ مِن يَوْمِ الْجُمُعَةِ فَاسْعَوْا إِلَىٰ ذِكْرِ اللَّهِ ۔ ﴾ الخ (سورہ جمعہ: ۹)

سے معلوم ہوتا ہے کہ ہر مومن پر جمعہ فرض ہے، چاہے وہ شہری ہو یا دیہاتی ۔طارق بن شہاب صحابی رضی اللہ عنہ فرماتے ہیں کہ نبی صلی اللہ علیہ وسلم نے فرمایا:

" الجمعة حق واجب على كل مسلم في جماعة إلا أربعة: عبد مملوك أو امرأة أو صبي أو مريض"

ہر مسلمان پر جماعت کے ساتھ جمعہ پڑھنا فرض ہے،سوائے چار کے، ۱:غلام، ۲:عورت، ۳:(نابالغ) بچہ، ۴:مریض۔

(سنن ابی داؤد:۱/۱۶۰ح ۱۰۶۷)

اس کی سند صحیح ہے۔ طارق بن شہاب رضی اللہ عنہ بلحاظِ رؤیت صحابی ہیں ۔ چونکہ اس حدیث پاک اور دوسری احادیث میں دیہاتی کو جمعہ سے مستثنیٰ نہیں کیا گیا، لہذا ثابت ہوا کہ دیہاتی پر جمعہ فرض ہے۔مزید تحقیق کے لئے صحیح بخاری وغیرہ کتب حدیث کا مطالعہ کریں۔خلیفہ راشد عمر رضی اللہ عنہ نے اپنی خلافت میں حکم دیا تھا کہ:

"جمعوا حيث ماكنتم "(اے لوگو!)تم جہاں بھی ہو جمعہ پڑھو۔(فقہ عمر:ص ۴۵۵ مصنف ابن ابی شیبہ:۲/۱۰۲ح ۵۰۶۸)

حنفیہ کے نزدیک گاؤں میں جمعہ جائز نہیں (ہدایہ: ج ا ص ۱۶۷)انہوں نے اس سلسلہ میں متعدد شرطیں بھی بنا رکھی ہیں۔ ان کے متعدد مولویوں نے دیہات میں جمعہ کے صحیح نہ ہونے پر کتابیں بھی لکھی ہیں،مگر ان تمام فقہی تحقیقات کے برعکس اب حنفی عوام اس مسئلہ میں حنفی مذہب کو ترک کر کے گاؤں میں بھی جمعہ پڑھ رہے ہیں،اللهم زد فزد ۔اس سے معلوم ہوتا ہے کہ اب حنفی عوام بعض مسائل میں ''تقلید'' صرف برائے نام ہی کرتے ہیں۔

(۲۴) نماز جنازہ: عبداللہ بن عباس رضی اللہ عنہما نے ایک جنازہ پر سورہ فاتحہ (اور ایک سورت پکار کر) پڑھی اور پوچھنے پر فرمایا:'' (میں نے اس لیے بالجہر پڑھی ہے کہ)تم جان لو کہ یہ سنت (اور حق) ہے۔''

(صحیح بخاری: ۱/۱۷۸ح ۱۳۳۵، سنن نسائی :۱/۲۸۱ح ۱۹۸۹، منتقی ابن الجارود: ص ۱۸۸ ح ۵۳۴، ۵۳۶، پہلی بریکٹ کے الفاظ نسائی کے ہیں، دوسری بریکٹ کے الفاظ منتقی کے ہیں۔آخری کے الفاظ نسائی وابن الجارود کے ہیں)

ابوامامہ رضی اللہ عنہ سے روایت ہے کہ:

''السنة في الصلوة على الجنازة أن يقرأ في التكبيرة الأولىٰ بأم القرآن مخافتةً ثم يكبر ثلثاً و التسليم عند الآخرة''

نماز جنازہ میں سنت یہ ہے کہ تکبیر اولیٰ میں سورہ فاتحہ خفیہ پڑھی جائے ، پھر تین تکبیریں کہی جائیں اور آخری تکبیر پر سلام پھیر دیا جائے۔ (سنن نسائی: ج ا ص ۲۸۱ ح ۱۹۹۱)

آپ رضی اللہ عنہ سے دوسری روایت میں ہے:

" السنة في الصلاة على الجنازة أن تكبر ثم تقرأ بأم القرآن ثم تصلي على النبي صلى الله عليه وسلم ثم تخلص الدعاء للميت ولا تقرأ إلا في التكبيرة الأولىٰ ثم تسلم في

نفسه عن يمينه "

نماز جنازہ میں سنت یہ ہے کہ تم تکبیر کہو پھر سورہ فاتحہ پڑھو پھر نبی صلی اللہ علیہ وسلم پر درود پڑھو۔ پھر خاص طور پر میت کے لیے دعا کرو، قرأت صرف پہلی تکبیر میں کرو پھر اپنے دل میں (یعنی سراً) دائیں طرف سلام پھیر دو۔

(منتقی ابن الجارود: ص ۱۸۹ ح ۵۴۰، مصنف عبدالرزاق: ۳/ ۴۸۸، ۴۸۹ ح ۶۴۲۸)

اس کی سند صحیح ہے (ارواء الغلیل: ج ۳ ص ۱۸۱)۔ نبی صلی اللہ علیہ وسلم اور صحابہ رضی اللہ عنہم سے یہ قطعاً ثابت نہیں ہے کہ سورہ فاتحہ کے بغیر جنازہ ہو جاتا ہے یا انہوں نے سورہ فاتحہ کے بغیر جنازہ پڑھا ہو۔ نماز جنازہ میں وہی درود پڑھنا چاہیے جو کہ نبی صلی اللہ علیہ وسلم سے ثابت ہے۔ (یعنی نماز والا) "رحمت وترحمت" والا۔ خود ساختہ درود نبی صلی اللہ علیہ وسلم سے ثابت نہیں ہے۔

(۲۶) دعوت: حسبِ استطاعت قرآن وحدیث کا علم حاصل کرنا اور پھر اسے آگے پہنچانا ہر مسلمان پر لازم ہے۔ امام کائنات صلی اللہ علیہ وسلم نے فرمایا:

" **بلغوا عني ولو آية** " مجھ سے دین لے کر لوگوں تک پہنچاؤ اگر چہ ایک آیت ہی ہو۔ (صحیح بخاری: ۱/ ۴۹۱ ح ۳۴۶۱)

دعوت صرف قرآن اور صحیح احادیث کی دینی چاہیے۔ اپنے فرقہ وارانہ مذہب اور قصے کہانیوں کی دعوت دینا حرام ہے۔ داعی کے لیے ضروری ہے کہ اپنی ہر بات پر دلیل بھی پیش کرے تاکہ جو زندہ رہے دلیل دیکھ کر زندہ رہے اور جو مرے دلیل دیکھ کر مرے۔ ﴿لِيَهْلِكَ مَنْ هَلَكَ عَنْ بَيِّنَةٍ وَيَحْيَىٰ مَنْ حَيَّ عَنْ بَيِّنَةٍ﴾ (الانفال: ۴۲)

(۲۷) جہاد: دعوت دین کے ساتھ ساتھ امت مسلمہ میں صحیح العقیدہ لوگوں کی ایک جماعت ایسی ہونی چاہیے جو نیکی کا حکم کریں اور برائی سے منع کریں اور جو لوگ اس راستہ میں رکاوٹ بنیں ان سے زبانی، قلمی اور جسمانی جہاد کریں۔ اعلائے کلمۃ اللہ کے لیے قتال فی سبیل اللہ سے بالکل دریغ نہ کریں تاکہ ساری دنیا میں کتاب وسنت کا پرچم سر بلند ہو جائے۔ رسول اللہ صلی اللہ علیہ وسلم نے فرمایا: "**واعلموا أن الجنة تحت ظلال السيوف**" اور جان لو کہ بے شک جنت تلواروں کے سائے میں ہے۔ (صحیح بخاری: ۱/ ۴۲۵ ح ۳۰۲۵، صحیح مسلم: ۲/ ۸۴ ح ۲۰/ ۱۷۴۲)

تنبیہ: اس جماعت سے مراد اہلِ ایمان کا گروہ ہے، موجودہ کاغذی اور نظام امارت ورکنیت والی جماعتیں مراد نہیں ہیں۔ مزید تفصیل کے لیے شیخ الاسلام المجاہد عبداللہ بن المبارک المروزی کی "کتاب الجهاد" وغیرہ کا مطالعہ فرمائیں۔

اللہ تعالی سے دعا ہے کہ وہ ہمارا خاتمہ قرآن، حدیث، صحابہ، تابعین، محدثین اور ائمہ مسلمین کی محبت میں کرے اور دنیا و آخرت دونوں میں ہمیں ہر قسم کی رسوائی سے بچائے۔ آمین ثم آمین **وما علينا إلا البلاغ**